So wird es gemacht:

Öffne das LÜK®-Kontrollgerät und lege die Plättchen in den unbedruckten Deckel!
Jetzt kannst du auf den Plättchen und auf dem Geräteboden die Zahlen 1 bis 24 sehen.

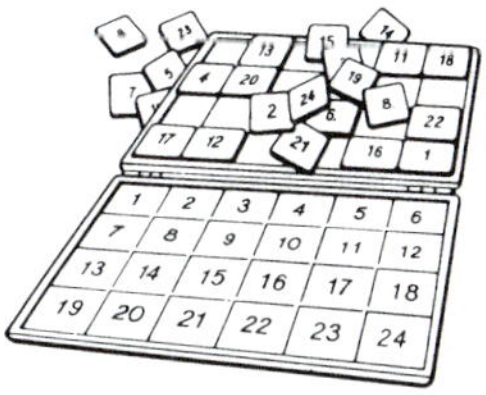

Beispiel: Seite 2
Wiederholungsaufgaben
Nimm das Plättchen 1 und sieh dir Aufgabe 1 an: **2 · 90 – 65 =**
Rechne die Aufgabe aus!
Das Ergebnis ist **115**.
Das ist auch die Feldzahl im Kontrollgerät, auf die du das Plättchen legst, also Plättchen 1 auf das Feld **115 (19)** im Geräteboden! Die Zahl **1** muss nach oben zeigen.

1	2	3	4	5	6
7	8	9	10	11	12
13	14	15	16	17	18
19	20	21	22	23	24

So arbeitest du weiter, bis alle Plättchen im Geräteboden liegen. Schließe dann das Gerät und drehe es um! Öffne es von der Rückseite! Wenn du das bei der Übungsreihe abgebildete Kontrollmuster siehst, hast du alle Aufgaben richtig gelöst.

Passen einige Plättchen nicht in das Muster, dann hast du dort Fehler gemacht. Drehe diese Plättchen da, wo sie liegen, um, schließe das Gerät, drehe es um und öffne es wieder!
Jetzt kannst du sehen, welche Aufgaben du falsch gelöst hast. Nimm diese Plättchen heraus und suche die richtigen Ergebnisse! Kontrolliere dann noch einmal! Stimmt jetzt das Muster?

Das System ist für alle Übungen gleich: Die roten Aufgabennummern im Heft entsprechen immer den LÜK-Plättchen aus dem Kontrollgerät.
Die Lösungen der Aufgaben sind gleichzeitig die großen und kleinen Feldzahlen von 1 - 120 im Kontrollgerät, auf die du die Plättchen legst.
Es gibt auch Übungen, ab Seite 28, bei denen du dein Ergebnis in einer Tabelle wiederfindest. Hinter der Lösungszahl steht dann die Feldzahl, auf die du das Plättchen legst.

Und nun viel Spaß!

Wiederholungsaufgaben

1. $2 \cdot 90 - 65 =$
2. $3 \cdot 30 - 45 =$
3. $4 \cdot 80 - 200 =$
4. $5 \cdot 70 - 330 =$
5. $6 \cdot 50 - 235 =$
6. $8 \cdot 70 - 490 =$
7. $7 \cdot 30 - 195 =$
8. $9 \cdot 20 - 95 =$
9. $4 \cdot 30 - 25 =$
10. $3 \cdot 90 - 180 =$
11. $5 \cdot 80 - 290 =$
12. $7 \cdot 60 - 380 =$
13. $6 \cdot 20 - 65 =$
14. $8 \cdot 40 - 215 =$
15. $9 \cdot 50 - 415 =$
16. $6 \cdot 80 - 400 =$
17. $3 \cdot 60 - 105 =$
18. $6 \cdot 70 - 360 =$
19. $4 \cdot 60 - 140 =$
20. $5 \cdot 40 - 175 =$
21. $9 \cdot 30 - 169 =$
22. $2 \cdot 50 - 90 =$
23. $7 \cdot 20 - 90 =$
24. $3 \cdot 80 - 210 =$

---

1. $7 \cdot 121 + 40 - 800 =$
2. $7 \cdot 111 - 60 - 700 =$
3. $2 \cdot 274 - 10 - 500 =$
4. $4 \cdot 208 - 20 - 700 =$
5. $3 \cdot 115 - 20 - 300 =$
6. $2 \cdot 449 + 20 - 900 =$
7. $7 \cdot 109 - 10 - 700 =$
8. $5 \cdot 111 + 20 - 500 =$
9. $5 \cdot 103 - 30 - 400 =$
10. $6 \cdot 152 - 10 - 900 =$
11. $3 \cdot 238 - 10 - 700 =$
12. $2 \cdot 370 - 10 - 700 =$
13. $5 \cdot 113 - 20 - 500 =$
14. $5 \cdot 193 + 30 - 900 =$
15. $3 \cdot 231 - 50 - 600 =$
16. $2 \cdot 386 - 50 - 700 =$
17. $3 \cdot 241 + 60 - 700 =$
18. $2 \cdot 490 - 60 - 900 =$
19. $6 \cdot 130 - 20 - 700 =$
20. $7 \cdot 111 - 20 - 700 =$
21. $5 \cdot 77 - 30 - 300 =$
22. $2 \cdot 431 + 10 - 800 =$
23. $3 \cdot 274 + 60 - 800 =$
24. $5 \cdot 120 + 80 - 600 =$

---

1. $630 : 30 =$
2. $560 : 80 =$
3. $360 : 30 =$
4. $660 : 30 =$
5. $450 : 90 =$
6. $720 : 90 =$
7. $500 : 20 =$
8. $600 : 40 =$
9. $550 : 50 =$
10. $480 : 80 =$
11. $480 : 30 =$
12. $180 : 90 =$
13. $810 : 90 =$
14. $760 : 40 =$
15. $460 : 20 =$
16. $900 : 90 =$
17. $650 : 50 =$
18. $720 : 30 =$
19. $700 : 50 =$
20. $270 : 90 =$
21. $680 : 40 =$
22. $600 : 30 =$
23. $240 : 60 =$
24. $540 : 30 =$

Wiederholungsaufgaben

1 $7 \cdot 17 + 1 =$
2 $6 \cdot 14 - 3 =$
3 $6 \cdot 19 + 1 =$
4 $8 \cdot 14 + 7 =$
5 $6 \cdot 13 + 8 =$
6 $4 \cdot 19 + 6 =$
7 $5 \cdot 18 + 9 =$
8 $9 \cdot 13 - 3 =$
9 $6 \cdot 18 + 8 =$
10 $7 \cdot 12 + 1 =$
11 $3 \cdot 19 + 8 =$
12 $5 \cdot 19 + 5 =$

13 $7 \cdot 15 + 3 =$
14 $9 \cdot 14 - 9 =$
15 $9 \cdot 12 - 4 =$
16 $5 \cdot 15 + 8 =$
17 $4 \cdot 14 + 7 =$
18 $6 \cdot 17 + 1 =$
19 $5 \cdot 13 - 1 =$
20 $4 \cdot 18 + 6 =$
21 $7 \cdot 13 + 7 =$
22 $8 \cdot 15 - 2 =$
23 $8 \cdot 12 + 5 =$
24 $6 \cdot 16 + 1 =$

---

1 $3 \cdot 77 - 200 =$
2 $3 \cdot 65 - 100 =$
3 $5 \cdot 82 - 400 =$
4 $8 \cdot 43 - 300 =$
5 $9 \cdot 75 - 600 =$
6 $4 \cdot 65 - 200 =$
7 $5 \cdot 93 - 400 =$
8 $7 \cdot 43 - 300 =$
9 $7 \cdot 87 - 600 =$
10 $6 \cdot 84 - 500 =$
11 $2 \cdot 69 - 100 =$
12 $6 \cdot 63 - 300 =$

13 $3 \cdot 89 - 200 =$
14 $5 \cdot 67 - 300 =$
15 $5 \cdot 89 - 400 =$
16 $8 \cdot 32 - 200 =$
17 $9 \cdot 53 - 400 =$
18 $7 \cdot 42 - 200 =$
19 $5 \cdot 78 - 300 =$
20 $7 \cdot 55 - 300 =$
21 $5 \cdot 43 - 200 =$
22 $4 \cdot 87 - 300 =$
23 $3 \cdot 66 - 100 =$
24 $9 \cdot 32 - 200 =$

---

1 $6 \cdot 15 : 3 + 77 =$
2 $4 \cdot 15 \cdot 3 - 65 =$
3 $8 \cdot 11 : 2 + 26 =$
4 $3 \cdot 12 \cdot 3 + 12 =$
5 $2 \cdot 15 \cdot 4 - 33 =$
6 $7 \cdot 12 : 2 + 38 =$
7 $2 \cdot 12 \cdot 4 + 13 =$
8 $6 \cdot 11 : 3 + 55 =$
9 $7 \cdot 11 \cdot 3 - 210 =$
10 $10 \cdot 12 : 5 + 64 =$
11 $6 \cdot 12 : 3 + 42 =$
12 $3 \cdot 15 \cdot 3 - 85 =$

13 $5 \cdot 12 : 3 + 75 =$
14 $4 \cdot 12 \cdot 2 + 7 =$
15 $5 \cdot 11 \cdot 4 - 115 =$
16 $8 \cdot 15 \cdot 3 - 300 =$
17 $9 \cdot 11 \cdot 2 - 101 =$
18 $10 \cdot 11 : 5 + 60 =$
19 $7 \cdot 15 \cdot 2 - 100 =$
20 $5 \cdot 15 \cdot 2 - 85 =$
21 $9 \cdot 12 : 2 + 45 =$
22 $9 \cdot 15 \cdot 2 - 250 =$
23 $8 \cdot 12 \cdot 2 - 90 =$
24 $10 \cdot 15 \cdot 4 - 500 =$

Ergänze bis zum nächsten Hunderter!

1	751	1	1355	1	3235
2	449	2	8205	2	1615
3	146	3	4680	3	7360
4	350	4	7430	4	9810
5	517	5	1245	5	4155
6	348	6	5228	6	8786
7	466	7	5865	7	6581
8	845	8	7319	8	2605
9	571	9	6557	9	6385
10	316	10	2520	10	3030
11	744	11	4418	11	3476
12	667	12	3640	12	4280
13	739	13	2337	13	7423
14	912	14	4259	14	5275
15	435	15	5115	15	9725
16	238	16	8760	16	8670
17	255	17	8523	17	4145
18	110	18	6162	18	6548
19	830	19	2770	19	9820
20	833	20	6801	20	2765
21	629	21	1475	21	5067
22	561	22	3510	22	5150
23	356	23	3748	23	7440
24	152	24	7850	24	8590

Ergänze auch hier!

1 4900 – 4891 =
2 8800 – 8765 =
3 7700 – 7620 =
4 3500 – 3442 =
5 9600 – 9503 =
6 6400 – 6316 =
7 2300 – 2223 =
8 5200 – 5125 =
9 1100 – 1093 =
10 3600 – 3502 =
11 7800 – 7796 =
12 5900 – 5870 =
13 4300 – 4279 =
14 8600 – 8505 =
15 9300 – 9209 =
16 2500 – 2406 =
17 6800 – 6759 =
18 6200 – 6180 =
19 1400 – 1310 =
20 5700 – 5685 =
21 4500 – 4415 =
22 8700 – 8676 =
23 3200 – 3160 =
24 2100 – 2086 =

Ergänze bis zum nächsten Tausender!

1 989
2 919
3 920
4 964
5 903
6 990
7 925
8 947
9 921
10 950
11 970
12 972
13 905
14 955
15 981
16 904
17 985
18 932
19 960
20 959
21 915
22 930
23 910
24 938

1 3981
2 6905
3 9930
4 2980
5 4985
6 8976
7 5983
8 1915
9 7955
10 2960
11 8986
12 6910
13 4993
14 3965
15 5991
16 9920
17 1995
18 7966
19 3970
20 5999
21 6925
22 4940
23 7950
24 8996

1 2911
2 4939
3 6912
4 8934
5 9973
6 7914
7 3927
8 5947
9 1913
10 4924
11 6946
12 8926
13 2929
14 5933
15 3931
16 7952
17 9921
18 2954
19 4968
20 6917
21 5943
22 3932
23 7916
24 1942

Ergänze auch hier!

1 7000 – 6955 =
2 9000 – 8945 =
3 2000 – 1964 =
4 3000 – 2906 =
5 6000 – 5935 =
6 9000 – 8908 =
7 5000 – 4951 =
8 3000 – 2961 =
9 6000 – 5953 =
10 7000 – 6922 =
11 4000 – 3984 =
12 8000 – 7962 =

13 8000 – 7967 =
14 9000 – 8957 =
15 7000 – 6989 =
16 5000 – 4990 =
17 8000 – 7963 =
18 6000 – 5928 =
19 4000 – 3902 =
20 2000 – 1997 =
21 3000 – 2971 =
22 4000 – 3944 =
23 2000 – 1972 =
24 7000 – 6958 =

Rechne aus, wie viele Fahrscheine verkauft wurden!

Die Busfahrer verkauften Fahrscheine…

	…von Nr.	…bis Nr.		…von Nr.	…bis Nr.
1	260	339	13	190	233
2	695	704	14	290	311
3	480	514	15	890	913
4	870	900	16	292	310
5	550	603	17	570	609
6	390	446	18	350	420
7	580	607	19	445	555
8	180	229	20	110	219
9	870	905	21	770	811
10	650	750	22	770	838
11	490	538	23	350	410
12	703	801	24	690	706

Denke daran, der erste Fahrschein wird auch verkauft!

Wie groß sind die Zahlensprünge?

	von	nach		von	nach
1	7893	7910	13	5800	5901
2	3695	3710	14	2599	2602
3	9799	9801	15	4480	4505
4	5485	5515	16	2860	2950
5	1590	1645	17	9570	9615
6	8287	8387	18	4310	4420
7	3395	3404	19	1397	1407
8	6799	6810	20	7480	7503
9	4550	4635	21	5799	5818
10	9190	9210	22	8280	8320
11	8220	8340	23	1160	1220
12	7650	7720	24	6880	6960

	von	nach		von	nach
1	2435	2532	13	1879	1958
2	5150	5227	14	4683	4766
3	3265	3317	15	6356	6444
4	6798	6896	16	5656	5712
5	3659	3741	17	8495	8590
6	7560	7638	18	9877	9964
7	1870	1935	19	8648	8744
8	2282	2319	20	2375	2442
9	8847	8946	21	7767	7836
10	9339	9420	22	4240	4324
11	4769	4831	23	9218	9310
12	5267	5333	24	3136	3230

Wie groß sind die Zahlensprünge?

	von	nach
1	529	480
2	903	898
3	702	650
4	213	187
5	841	760
6	627	573
7	810	799
8	425	370
9	222	123
10	917	883
11	710	630
12	520	484
13	930	869
14	344	255
15	538	499
16	219	181
17	607	560
18	331	267
19	401	305
20	217	150
21	445	376
22	612	594
23	746	654
24	815	745

	von	nach
1	3518	3499
2	9615	9570
3	4430	4370
4	7920	7840
5	9210	9199
6	8707	8697
7	6301	6292
8	3604	3597
9	8935	8840
10	4312	4288
11	1422	1378
12	9850	9780
13	3405	3380
14	2101	2098
15	1101	1096
16	6807	6793
17	5810	5795
18	4830	4740
19	6477	6377
20	2135	2050
21	2535	2470
22	5430	5390
23	5901	5899
24	7515	7485

	von	nach
1	7941	7860
2	4525	4466
3	2317	2261
4	9412	9354
5	5532	5459
6	8857	8773
7	3763	3686
8	6133	6034
9	2751	2696
10	5507	5409
11	3139	3063
12	9453	9375
13	8687	8594
14	1733	1662
15	6915	6848
16	2373	2279
17	4846	4757
18	7123	7055
19	9447	9357
20	8211	8124
21	5743	5682
22	2548	2452
23	6609	6521
24	1959	1873

Wie groß sind die Zahlensprünge?

1 980 + ? = 1025
2 991 + ? = 1010
3 980 + ? = 1004
4 960 + ? = 1030
5 970 + ? = 1035
6 990 + ? = 1010
7 999 + ? = 1012
8 995 + ? = 1010
9 950 + ? = 1045
10 960 + ? = 1050
11 980 + ? = 1020
12 998 + ? = 1012
13 996 + ? = 1005
14 999 + ? = 1030
15 980 + ? = 1015
16 997 + ? = 1007
17 980 + ? = 1029
18 990 + ? = 1050
19 960 + ? = 1010
20 950 + ? = 1001
21 998 + ? = 1003
22 980 + ? = 1060
23 937 + ? = 1037
24 985 + ? = 1015

---

1 950 + ? = 1039
2 990 + ? = 1077
3 969 + ? = 1079
4 915 + ? = 1005
5 904 + ? = 1001
6 956 + ? = 1044
7 911 + ? = 1010
8 977 + ? = 1078
9 900 + ? = 1009
10 947 + ? = 1045
11 961 + ? = 1039
12 955 + ? = 1055
13 970 + ? = 1041
14 977 + ? = 1046
15 980 + ? = 1047
16 890 + ? = 1010
17 905 + ? = 1010
18 966 + ? = 1034
19 992 + ? = 1050
20 989 + ? = 1072
21 901 + ? = 1004
22 953 + ? = 1047
23 900 + ? = 1008
24 972 + ? = 1028

---

1 1045 – ? = 990
2 1005 – ? = 970
3 1044 – ? = 956
4 1040 – ? = 960
5 1049 – ? = 950
6 1008 – ? = 900
7 1075 – ? = 998
8 1057 – ? = 960
9 1048 – ? = 985
10 1014 – ? = 986
11 1001 – ? = 999
12 1034 – ? = 980
13 1023 – ? = 956
14 1060 – ? = 965
15 1015 – ? = 994
16 1034 – ? = 966
17 1045 – ? = 956
18 1002 – ? = 932
19 1015 – ? = 925
20 1034 – ? = 949
21 1001 – ? = 920
22 1090 – ? = 970
23 1039 – ? = 977
24 1007 – ? = 997

Wie viel Kilometer wurden gefahren?

	Tachometerstand vor der Fahrt	Tachometerstand nach der Fahrt		Tachometerstand vor der Fahrt	Tachometerstand nach der Fahrt
1	8980	9040	13	5988	6012
2	4950	5030	14	6997	7017
3	4989	5011	15	8994	9003
4	3990	4001	16	1910	2005
5	5995	6010	17	3900	4010
6	7998	8005	18	2992	3002
7	3975	4025	19	7993	8006
8	7985	8015	20	2930	3020
9	8999	9020	21	1999	2002
10	4990	5030	22	6991	7010
11	5993	6070	23	1970	2035
12	6995	7020	24	2950	3050

1	7990	8045	13	5970	6037
2	6971	7029	14	5975	6050
3	4982	5018	15	6970	7005
4	3966	4034	16	2954	3010
5	3980	4045	17	1956	2044
6	8910	9015	18	2910	3030
7	1950	2043	19	8987	9026
8	4910	5007	20	7960	8021
9	2940	3035	21	6999	7100
10	4903	5005	22	5977	6077
11	3969	4031	23	1930	2028
12	8953	9047	24	7960	8050

1	6985	7048	13	1988	2057
2	3986	4069	14	2919	3014
3	4973	5053	15	4989	5068
4	3975	4063	16	4927	5021
5	8936	9021	17	7997	8086
6	8971	9043	18	6941	7033
7	2966	3043	19	3963	4017
8	1903	2002	20	7966	8047
9	8956	9047	21	5962	6035
10	1976	2074	22	2919	3003
11	5951	6027	23	5979	6061
12	7982	8048	24	6953	7039

Wiederholungsaufgaben

1 9005 – ? = 8960
2 4035 – ? = 3980
3 6030 – ? = 5970
4 8050 – ? = 7980
5 2002 – ? = 1997
6 7010 – ? = 6930
7 5020 – ? = 4995
8 3007 – ? = 2992
9 3030 – ? = 2995
10 2015 – ? = 1985
11 5020 – ? = 4980
12 7025 – ? = 6975
13 8005 – ? = 7900
14 5013 – ? = 4994
15 4035 – ? = 3940
16 3004 – ? = 2994
17 7045 – ? = 6960
18 3080 – ? = 2960
19 6010 – ? = 5900
20 9001 – ? = 8998
21 8015 – ? = 7950
22 4019 – ? = 3999
23 6070 – ? = 5970
24 9060 – ? = 8970

---

1 7041 – ? = 6970
2 3029 – ? = 2960
3 9060 – ? = 8992
4 6036 – ? = 5964
5 8031 – ? = 7969
6 2047 – ? = 1953
7 5044 – ? = 4956
8 4055 – ? = 3965
9 2017 – ? = 1950
10 8035 – ? = 7950
11 7069 – ? = 6980
12 3007 – ? = 2920
13 9070 – ? = 8986
14 5029 – ? = 4971
15 4016 – ? = 3984
16 6023 – ? = 5940
17 5013 – ? = 4986
18 9059 – ? = 8980
19 4026 – ? = 3974
20 9067 – ? = 8990
21 6019 – ? = 5970
22 2030 – ? = 1973
23 3027 – ? = 2973
24 7024 – ? = 6950

---

1 5038 – ? = 4959
2 9007 – ? = 8900
3 6019 – ? = 5937
4 2027 – ? = 1971
5 8065 – ? = 7972
6 3079 – ? = 2995
7 9087 – ? = 8992
8 5015 – ? = 4900
9 6005 – ? = 5900
10 7033 – ? = 6963
11 4005 – ? = 3937
12 8080 – ? = 7984
13 6068 – ? = 5971
14 3014 – ? = 2961
15 4039 – ? = 3964
16 9046 – ? = 8972
17 8034 – ? = 7945
18 5057 – ? = 4981
19 3027 – ? = 2961
20 4068 – ? = 3983
21 7049 – ? = 6962
22 2021 – ? = 1943
23 7001 – ? = 6915
24 2035 – ? = 1947

Wiederholungsaufgaben

1 2 · 500 – 985 =
2 9 · 300 – 2615 =
3 3 · 700 – 2010 =
4 2 · 900 – 1760 =
5 6 · 800 – 4795 =
6 4 · 900 – 3490 =
7 5 · 600 – 2975 =
8 9 · 400 – 3525 =
9 8 · 900 – 7135 =
10 9 · 700 – 6270 =
11 3 · 600 – 1700 =
12 3 · 800 – 2350 =
13 4 · 700 – 2755 =
14 9 · 600 – 5285 =
15 8 · 400 – 3105 =
16 4 · 300 – 1130 =
17 7 · 200 – 1345 =
18 6 · 500 – 2880 =
19 7 · 600 – 4120 =
20 9 · 400 – 3495 =
21 6 · 700 – 4189 =
22 9 · 900 – 8080 =
23 7 · 800 – 5590 =
24 5 · 500 – 2440 =

---

1 5 · 300 – 1380 =
2 4 · 400 – 1567 =
3 6 · 700 – 4157 =
4 7 · 600 – 4105 =
5 6 · 300 – 1690 =
6 7 · 300 – 2042 =
7 9 · 800 – 7101 =
8 8 · 400 – 3158 =
9 6 · 200 – 1180 =
10 4 · 900 – 3563 =
11 7 · 500 – 3435 =
12 5 · 500 – 2400 =
13 9 · 200 – 1764 =
14 2 · 800 – 1531 =
15 5 · 700 – 3420 =
16 7 · 900 – 6289 =
17 7 · 400 – 2713 =
18 8 · 700 – 5593 =
19 3 · 500 – 1412 =
20 2 · 600 – 1170 =
21 5 · 800 – 3926 =
22 6 · 800 – 4754 =
23 3 · 900 – 2671 =
24 8 · 500 – 3999 =

---

1 8 · 300 – 2338 =
2 9 · 900 – 8034 =
3 2 · 700 – 1342 =
4 9 · 800 – 7163 =
5 8 · 600 – 4707 =
6 7 · 200 – 1311 =
7 8 · 800 – 6280 =
8 4 · 500 – 1932 =
9 9 · 500 – 4395 =
10 9 · 700 – 6206 =
11 6 · 400 – 2285 =
12 8 · 700 – 5529 =
13 6 · 600 – 3526 =
14 5 · 900 – 4398 =
15 7 · 800 – 5501 =
16 7 · 700 – 4803 =
17 4 · 600 – 2364 =
18 4 · 800 – 3100 =
19 6 · 300 – 1717 =
20 6 · 900 – 5368 =
21 4 · 900 – 3513 =
22 5 · 400 – 1899 =
23 8 · 200 – 1521 =
24 6 · 700 – 4112 =

Wiederholungsaufgaben

1 9 · 110 – 900 – 35 =
2 6 · 160 – 800 – 55 =
3 3 · 190 – 500 – 58 =
4 8 · 120 – 800 – 80 =
5 2 · 170 – 200 – 39 =
6 7 · 130 – 800 – 4 =
7 4 · 180 – 700 – 17 =
8 5 · 150 – 700 – 1 =
9 2 · 190 – 300 – 21 =
10 6 · 150 – 800 – 70 =
11 3 · 170 – 400 – 60 =
12 8 · 110 – 800 – 28 =

13 5 · 190 – 800 – 35 =
14 7 · 110 – 700 – 25 =
15 6 · 130 – 700 – 9 =
16 4 · 170 – 600 – 36 =
17 2 · 180 – 300 – 45 =
18 7 · 120 – 700 – 20 =
19 3 · 160 – 400 – 40 =
20 5 · 170 – 800 – 13 =
21 4 · 130 – 400 – 7 =
22 2 · 160 – 200 – 2 =
23 6 · 140 – 700 – 30 =
24 3 · 180 – 400 – 50 =

---

1 6 · 1200 – 7000 – 155 =
2 3 · 3000 – 8000 – 905 =
3 3 · 1200 – 3000 – 580 =
4 3 · 1100 – 3000 – 230 =
5 5 · 1800 – 8000 – 915 =
6 4 · 1600 – 6000 – 280 =
7 5 · 1100 – 5000 – 435 =
8 2 · 4500 – 8000 – 985 =
9 4 · 1400 – 5000 – 485 =
10 2 · 1350 – 2000 – 590 =
11 5 · 1100 – 5000 – 460 =
12 3 · 1400 – 4000 – 110 =

13 7 · 1400 – 9000 – 695 =
14 6 · 1100 – 6000 – 565 =
15 2 · 2500 – 4000 – 945 =
16 4 · 1500 – 5000 – 990 =
17 3 · 2500 – 7000 – 495 =
18 3 · 1300 – 3000 – 820 =
19 6 · 1200 – 7000 – 170 =
20 2 · 4500 – 8000 – 925 =
21 5 · 1400 – 6000 – 999 =
22 4 · 2000 – 7000 – 940 =
23 2 · 3500 – 6000 – 900 =
24 6 · 1400 – 8000 – 350 =

Addition und Subtraktion

1. 5300 + 4600 – 8800 – 600 – 465 =
2. 3100 + 2700 + 3100 – 8800 – 93 =
3. 8900 – 4400 + 2500 – 6000 – 990 =
4. 7700 – 3500 + 4200 – 8000 – 340 =
5. 7100 + 1200 – 4400 – 3600 – 255 =
6. 4200 + 3600 + 400 – 8000 – 120 =
7. 2300 + 7400 – 7200 – 1500 – 975 =
8. 9700 – 7300 + 4200 – 6200 – 395 =
9. 6900 – 1500 + 4500 – 9700 – 95 =
10. 8200 + 1700 – 4400 – 5000 – 430 =
11. 2900 + 1300 + 4200 – 7500 – 870 =
12. 8600 – 6400 + 5700 – 6900 – 950 =
13. 2100 + 5400 + 2000 – 9000 – 405 =
14. 3300 + 6100 – 4400 – 4000 – 885 =
15. 1400 + 4200 + 2300 – 7500 – 325 =
16. 7800 – 4300 + 5300 – 8500 – 180 =
17. 6800 – 5100 + 4300 – 5500 – 415 =
18. 6200 + 2500 – 4500 – 3900 – 200 =
19. 6600 – 1400 + 2500 – 7500 – 90 =
20. 4700 – 2200 + 6700 – 9000 – 135 =
21. 5500 + 1100 + 2500 – 9000 – 85 =
22. 4100 + 2100 + 3300 – 9100 – 380 =
23. 3900 – 2800 + 7700 – 8400 – 310 =
24. 5700 – 4500 + 2100 – 3100 – 160 =

---

1. 2400 – 1500 + 8300 – 8800 – 320 =
2. 7500 + 1700 – 6400 – 1900 – 885 =
3. 1600 + 7700 – 3900 – 4500 – 865 =
4. 2600 + 1800 + 4400 – 8500 – 245 =
5. 8400 – 3600 + 4800 – 9400 – 170 =
6. 3400 – 1600 + 4300 – 5900 – 160 =
7. 5200 – 2900 + 3700 – 5800 – 125 =
8. 3100 – 2500 + 4900 – 5000 – 450 =
9. 5600 + 2700 – 5600 – 2500 – 140 =
10. 1800 + 5500 – 6000 – 1100 – 99 =
11. 6300 – 4900 + 5900 – 7000 – 275 =
12. 8300 – 6700 + 4500 – 5900 – 100 =
13. 7200 – 4700 + 5200 – 7000 – 680 =
14. 5800 + 3300 – 5900 – 2900 – 255 =
15. 9100 – 1900 – 2200 – 4800 – 80 =
16. 6500 + 2800 – 6900 – 1900 – 385 =
17. 3700 + 5900 – 8000 – 1400 – 95 =
18. 3200 – 2300 + 7300 – 7900 – 205 =
19. 3800 + 6200 – 3600 – 6300 – 90 =
20. 8100 – 7800 + 3800 – 3900 – 90 =
21. 7900 + 1200 – 1900 – 6700 – 410 =
22. 4500 + 5300 – 1900 – 7000 – 830 =
23. 9200 – 8500 + 7500 – 7900 – 215 =
24. 7600 + 2400 – 4500 – 5400 – 35 =

Berechne den Mittelwert!

Schlagballweitwerfen

		1. Wurf	2. Wurf	3. Wurf			1. Wurf	2. Wurf	3. Wurf
1	Lisa	47 m	51 m	55 m	13	Manuel	41 m	38 m	38 m
2	Alf	26 m	28 m	33 m	14	Nora	38 m	42 m	43 m
3	Nicolas	49 m	48 m	53 m	15	Vasili	34 m	38 m	39 m
4	Eva	30 m	22 m	32 m	16	Tobias	35 m	44 m	41 m
5	Miriam	25 m	36 m	32 m	17	Felix	44 m	48 m	49 m
6	Aron	53 m	56 m	53 m	18	Tonio	41 m	35 m	38 m
7	Anke	37 m	36 m	32 m	19	Aisa	26 m	18 m	28 m
8	Jan	29 m	34 m	36 m	20	Florian	40 m	46 m	49 m
9	Elif	45 m	49 m	53 m	21	Alex	40 m	46 m	43 m
10	Anne	31 m	34 m	31 m	22	Janne	43 m	40 m	43 m
11	Tina	30 m	33 m	39 m	23	Svenja	41 m	48 m	49 m
12	Daniela	34 m	35 m	39 m	24	Vera	22 m	28 m	10 m

Skispringen

	1. Sprung	2. Sprung	3. Sprung		1. Sprung	2. Sprung	3. Sprung
1	82 m	73 m	82 m	13	59 m	70 m	72 m
2	81 m	85 m	83 m	14	65 m	71 m	77 m
3	50 m	60 m	64 m	15	63 m	73 m	71 m
4	75 m	82 m	83 m	16	65 m	64 m	75 m
5	76 m	73 m	76 m	17	88 m	89 m	90 m
6	57 m	61 m	62 m	18	66 m	71 m	73 m
7	72 m	78 m	81 m	19	68 m	60 m	70 m
8	70 m	73 m	76 m	20	88 m	84 m	83 m
9	50 m	59 m	62 m	21	59 m	64 m	66 m
10	73 m	77 m	78 m	22	71 m	69 m	76 m
11	80 m	81 m	61 m	23	59 m	61 m	66 m
12	53 m	54 m	55 m	24	66 m	67 m	59 m

Addition, Subtraktion, Multiplikation oder Division?

1 Wie groß ist die Hälfte von 238?
2 Berechne den dritten Teil von 201!
3 Wie groß ist der Unterschied zwischen 920 und 1038?
4 Vermindere 270 um 174!
5 Von 444 nimm 333 weg!
6 Wie viel ist der vierte Teil von 176?
7 Wie viel bleiben übrig, wenn man 891 von 1000 wegnimmt?
8 Wie oft ist 40 in 680 enthalten?
9 Wie viel ist das Dreifache von 39?
10 Berechne ein Fünftel von 200!
11 Ergänze 886 zu 1000!
12 Vermehre 67 um 43!
13 Welche Zahl ist um 93 kleiner als 200?
14 Wie viel ist ein Viertel von 124?
15 Wie viel bleiben übrig, wenn man sieben mal elf von 110 abzieht?
16 Welche Zahl ist um 27 größer als 57?
17 Zähle zum Doppelten von 46 noch 5 hinzu!
18 Wie oft sind 700 in 7000 enthalten?
19 Wie groß ist der Unterschied zwischen 145 und 243?
20 Wie viel ist ein Zehntel von 1010?
21 Von welcher Zahl ist 153 das Dreifache?
22 Von welcher Zahl ist 28 die Hälfte?
23 Um wie viel ist 82 größer als 28?
24 Wie viel bleibt von 200 übrig, wenn man acht mal acht und sechs mal sechs wegnimmt?

Was bedeuten diese römischen Zahlen?

1	XXII	13	XXXIX
2	XIX	14	XXXI
3	XXIV	15	XXIII
4	XXI	16	XVI
5	XXIX	17	I
6	VIII	18	XII
7	XXXVII	19	XIV
8	XXXIII	20	XXVIII
9	XXXV	21	XVII
10	XVIII	22	XX
11	X	23	XXVII
12	II	24	VI

1	LXV	13	XI
2	XV	14	IX
3	L	15	LV
4	XXX	16	LXXII
5	XXV	17	CXVII
6	C	18	LXVIII
7	LI	19	XXXIV
8	V	20	CXIX
9	XIII	21	CXV
10	CX	22	LXX
11	XC	23	LX
12	XL	24	XXXII

Wie viel Meter sind es?

1 4 m + 40 dm + 400 cm + 1000 mm =

2 10 m + 20 dm + 250 cm + 500 mm =

3 20 m – 5 dm – 140 cm – 100 mm =

4 250 dm – 250 cm – 25 dm – 6 m =

5 30 m – 200 dm – 499 cm – 10 mm =

6 20 dm + 30 dm + 500 cm + 30 m =

7 25 m – 90 dm – 900 cm – 4 m =

8 10 m – 80 dm – 99 cm – 10 mm =

9 13 m + 30 dm + 30 cm + 70 cm =

10 7 m – 7 dm – 7cm – 230 mm =

11 30 cm + 6 dm + 100 mm + 1 m =

12 5 m – 50 cm – 4 dm – 100 mm =

...und wie viel Kilometer?

13 $18\frac{1}{2}$ km + 250 m + $\frac{1}{4}$ km =

14 12 km + $8\frac{1}{2}$ km + 500 m =

15 $9\frac{1}{2}$ km + 12,5 km + 1000 m =

16 10000 m + 9,5 km + 500 m =

17 $7\frac{1}{4}$ km + 500 m + 1250 m =

18 47 km + 45 km + 4000 m =

19 $8\frac{3}{4}$ km + 500 m + 750 m =

20 2,5 km + 3,5 km + 1000 m =

21 10 km + $\frac{1}{4}$ km + 750 m =

22 50 km + 19,5 km + 500 m =

23 $4\frac{1}{2}$ km + 500 m + 3 km =

24 2750 m + $\frac{1}{4}$ km + 9 km =

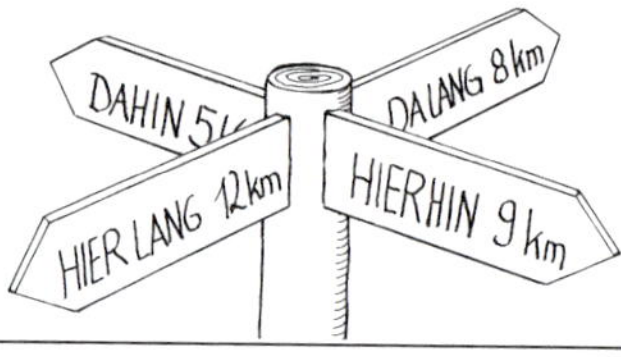

Wie viel Zentimeter?

1 50 mm – 2 cm =

2 17 mm + 33 mm =

3 15 cm – 10 mm =

4 2 dm – 40 mm =

5 20 cm – 10 mm =

6 2 dm – 20 mm =

7 2 dm + 30 mm =

8 19 cm + 20 mm =

9 1 dm – 90 mm =

10 11 cm – 30 mm =

11 5 cm + 50 mm =

12 15 cm – 30 mm =

13 40 mm + 11 cm =

14 13 cm + 40 mm =

15 90 mm + 4 cm =

16 2 dm – 16 cm =

17 8 cm + 30 mm =

18 12 cm – 1 dm =

19 3 dm – 6 cm =

20 1 dm – 10 mm =

21 35 mm + 35 mm =

22 13 mm + 47 mm =

23 3 dm – 8 cm =

24 10 cm + 100 mm =

Wie viel Euro sind es?

1	2,50 Euro	+	3,70 Euro	+	2,80 Euro =	
2	5,70 Euro	+	2,60 Euro	–	1,30 Euro =	
3	2,80 Euro	+	3,50 Euro	+	5,70 Euro =	
4	1,90 Euro	+	4,30 Euro	+	3,80 Euro =	
5	3,60 Euro	+	3,80 Euro	–	2,40 Euro =	
6	14,50 Euro	+	13,30 Euro	+	4,20 Euro =	
7	12,30 Euro	+	10,60 Euro	+	2,10 Euro =	
8	4,60 Euro	+	8,50 Euro	+	13,90 Euro =	
9	5,60 Euro	+	4,80 Euro	+	0,60 Euro =	
10	7,50 Euro	+	5,70 Euro	+	16,80 Euro =	
11	10,00 Euro	–	4,20 Euro	–	1,80 Euro =	
12	7,30 Euro	–	2,70 Euro	–	2,60 Euro =	
13	17,30 Euro	+	2,80 Euro	+	0,90 Euro =	
14	7,40 Euro	+	4,70 Euro	+	30,90 Euro =	
15	35,20 Euro	+	53,80 Euro	+	6,00 Euro =	
16	15,80 Euro	+	4,10 Euro	+	2,10 Euro =	
17	9,60 Euro	+	5,80 Euro	–	2,40 Euro =	
18	50,00 Euro	–	0,80 Euro	–	1,20 Euro =	
19	2,20 Euro	+	7,90 Euro	+	3,90 Euro =	
20	16,60 Euro	+	3,50 Euro	–	5,10 Euro =	
21	7,10 Euro	–	1,80 Euro	+	11,70 Euro =	
22	10,10 Euro	+	6,30 Euro	+	3,60 Euro =	
23	13,50 Euro	+	31,50 Euro	+	19,00 Euro =	
24	2,90 Euro	+	12,90 Euro	+	2,20 Euro =	

Wie viel Meter?

1	2,75 m	+	3,50 m	+	16,75 m =	
2	14,75 m	+	5,25 m	+	1,00 m =	
3	12,50 m	–	2,70 m	–	1,80 m =	
4	5,80 m	+	5,80 m	+	0,40 m =	
5	12,20 m	–	2,70 m	–	2,50 m =	
6	16,60 m	–	3,30 m	–	3,30 m =	
7	3,50 m	+	5,30 m	+	0,20 m =	
8	2,80 m	+	8,20 m	+	24,00 m =	
9	9,50 m	+	19,00 m	–	9,50 m =	
10	7,20 m	+	2,70 m	+	10,10 m =	
11	7,30 m	+	3,70 m	+	13,00 m =	
12	4,40 m	+	7,90 m	+	9,70 m =	
13	1,70 m	+	7,10 m	–	3,80 m =	
14	5,50 m	+	3,60 m	–	6,10 m =	
15	8,90 m	+	9,80 m	+	6,30 m =	
16	6,40 m	+	4,60 m	+	7,00 m =	
17	2,60 m	+	2,70 m	+	9,70 m =	
18	54,50 m	+	45,50 m	+	10,00 m =	
19	7,30 m	–	1,80 m	–	1,50 m =	
20	3,40 m	+	4,30 m	+	9,30 m =	
21	39,00 m	–	12,50 m	–	13,50 m =	
22	9,90 m	+	8,80 m	–	2,70 m =	
23	14,50 m	+	15,40 m	+	0,10 m =	
24	3,70 m	+	4,50 m	–	6,20 m =	

Wie viel Euro?

1. 2 · 3,50 Euro =
2. 5 · 2,20 Euro =
3. 8 · 2,75 Euro =
4. 10 · 10,40 Euro =
5. 4 · 3,75 Euro =
6. 8 · 7,50 Euro =
7. 5 · 15,40 Euro =
8. 4 · 6,25 Euro =
9. 5 · 4,20 Euro =
10. 5 · 3,20 Euro =
11. 4 · 6,50 Euro =
12. 4 · 7,50 Euro =
13. 2 · 21,50 Euro =
14. 4 · 5,75 Euro =
15. 6 · 1,50 Euro =
16. 5 · 8,80 Euro =
17. 4 · 4,25 Euro =
18. 8 · 1,25 Euro =
19. 8 · 2,25 Euro =
20. 5 · 7,40 Euro =
21. 2 · 1,50 Euro =
22. 5 · 4,80 Euro =
23. 4 · 9,50 Euro =
24. 8 · 6,50 Euro =

Wie viel m?

1. 4 · 1,25 m =
2. 10 · 2,50 m =
3. 8 · 3,50 m =
4. 8 · 0,75 m =
5. 5 · 6,60 m =
6. 5 · 5,20 m =
7. 4 · 19,75 m =
8. 2 · 5,50 m =
9. 6 · 8,50 m =
10. 8 · 7,25 m =
11. 5 · 2,40 m =
12. 5 · 11,20 m =
13. 2 · 8,50 m =
14. 4 · 15,25 m =
15. 4 · 15,75 m =
16. 8 · 11,25 m =
17. 4 · 4,75 m =
18. 5 · 17,60 m =
19. 5 · 18,40 m =
20. 4 · 11,75 m =
21. 6 · 3,50 m =
22. 5 · 7,60 m =
23. 5 · 4,80 m =
24. 4 · 5,50 m =

Wie viel km?

1. 6,700 km + 5,300 km =
2. 4 · 5000 m =
3. 3,750 km + 6,250 km =
4. 92 km : 4 =
5. 26,500 km + 500 m =
6. 5 · 1,400 km =
7. 11,500 km + 2500 m =
8. 4,500 km + 1500 m =
9. 4 · 2,250 km =
10. 13,800 km + 14,200 km =
11. 10 · 6,500 km =
12. 360 m + 640 m =
13. 19 km + 5000 m =
14. 3,500 km + 4,500 km =
15. 168 km : 8 =
16. 4 · 2,750 km =
17. 0,900 km + 1100 m =
18. 4 · 17,500 km =
19. 11,200 km + 1,800 km =
20. 4 · 4,500 km =
21. 14,880 km + 120 m =
22. 32 km – 13 km =
23. 2 · 2500 m =
24. 5 · 3200 m =

Addition und Subtraktion

1 Aus einem Fass mit 1 hl Wein werden zuerst 20 l, dann noch 25 l abgezapft. Wie viel l Wein bleiben im Fass?

2 2222 – 2103 =

3 Die erste Klasse hat 28 Schüler, die zweite 26, die dritte 23 Schüler und die vierte 29. Wie viele Schüler besuchen insgesamt die vier Klassen?

4 5000 + 4980 + ? = 10000

5 Zähle die ungeraden Zahlen zusammen, die zwischen 10 und 20 liegen!

6 1000 – 470 – 470 =

7 Eine Kiste wiegt leer 6 kg. Mit Äpfeln gefüllt wiegt sie 23 kg. Wie viel kg wiegen die Äpfel?

8 1000 – 333 – 333 – 333 =

9 Zieht man von einer Zahl zweimal 20 ab, so erhält man 65. Wie heißt die Zahl?

10 3200 + 3300 + 3400 + ? = 10000

11 Von Köln nach Düsseldorf sind es 43 km. Wie viel km hin und zurück?

12 23 + 34 + 45 =

13 Auf einer Radtour fährt eine Jugendgruppe am ersten Tag 36 km, am zweiten Tag 42 km und am dritten Tag 37 km. Wie viel km lang ist die ganze Strecke?

14 10000 – 9893 =

15 Bei Schuleintritt war ein Mädchen 1,12 m groß. Jetzt ist es 1,33 m groß. Um wie viel cm ist es in der Zeit gewachsen?

16 460 + 460 + ? = 1000

17 Welche Zahl ist um 71 kleiner als 100?

18 200 – 31 – 32 – 33 – 34 =

19 Gerda hat auf ihrem Sparkonto 225 Euro. Sie gibt 135 Euro aus. Wie viel behält sie übrig?

20 5000 – 4915 =

21 Uwe kauft ein: Zucker für 1,40 Euro, Eier für 2,10 Euro, Brot für 1,50 Euro. Er bezahlt mit einem Zwanzigeuroschein. Wie viel Euro bekommt er zurück?

22 22 + 23 + 24 + 25 + 26 =

23 Zähle die geraden Zahlen zusammen, die zwischen 5 und 15 liegen!

24 2960 + 2000 + ? = 5000

Wiederholungsaufgaben

1 Tachostand vor einer Autofahrt 2320 km, nach der Fahrt 2436 km. Wie viel km wurden zurückgelegt?

2 420 + 520 + ? = 1000

3 Von 34 Schülern einer Klasse gehen 8 zum Gymnasium und 5 zur Realschule über. Wie viele Schüler bleiben zurück?

4 26 + 37 + 40 =

5 Mutter hat von 120 Euro nach dem Einkauf noch 56 Euro übrig behalten. Wie viel Euro hat sie ausgegeben?

6 4520 – 4401 =

7 Von 38 m Gardinenstoff werden zuerst 18 m und dann 14 m verkauft. Wie viel m bleiben übrig?

8 555 +555 + ? = 1220

9 Fritz fährt auf dem Fahrrad ins Ferienlager, 110 km entfernt; am ersten Tag schafft er 64 km. Wie viel km muss er am zweiten Tag noch fahren?

10 9000 – 8889 =

11 Ziehe die größte dreistellige von der kleinsten vierstelligen Zahl ab!

12 200 – 70 – 65 =

13 Drei Zahlen ergeben zusammen 1000. Die erste heißt 430, die zweite 490. Wie heißt die dritte Zahl?

14 4800 + 5080 + ? = 10000

15 Peter will ein Fahrrad für 530 Euro kaufen. In der Spardose hat er 398 Euro. Zum Geburtstag bekommt er 50 Euro. Wie viel Euro fehlen ihm noch?

16 3120 – 3005 =

17 Wie viel Euro bleiben übrig, wenn man von 900 Euro nacheinander 260 Euro und 550 Euro ausgibt?

18 24 + 35 + 46 =

19 Ein Obstbauer erntet 181 kg Äpfel. Er gibt davon nacheinander 80 kg, 70 kg und 2 kg ab. Wie viel kg hat er noch?

20 22 + 33 + 43 =

21 Von drei Zahlen heißt die erste 27; die zweite ist um 25 größer als die erste, die dritte um 48 größer als die zweite. Wie heißt die dritte Zahl?

22 1893 + ? = 2000

23 Paul kauft einen Füller für 26,80 Euro, einen Ball für 25,30 Euro, Süßigkeiten für 8,90 Euro. Wie viel Euro muss er bezahlen?

24 8100 – 8001 =

Textaufgaben

1 570 Knöpfe werden auf Karten zu je $\frac{1}{2}$ Dtzd. aufgenäht.
Wie viele volle Karten gibt es?

2 280 : 40 =

3 Wie viel Euro bezahlt ein Gartenbesitzer für 4 Apfelbäume zu je 6,50 Euro und 8 Kirschbäume zu je 5,50 Euro?

4 9 · 12 =

5 Das Vierfache einer Zahl ist 60. Wie heißt die Zahl?

6 1200 : 60 =

7 Wie viel Euro kosten die Gardinen für zwei Fenster, wenn man für ein Fenster 3,50 m Stoff zu je 7 Euro benötigt?

8 5 · 13 =

9 Zähle zum Doppelten von 18 das Dreifache von 19 hinzu!

10 320 : 8 =

11 Welche Zahl muss man durch 6 teilen, um 5 zu erhalten?

12 5 · 22 =

13 Um wie viel ist das Ergebnis von 7 · 25 größer als das von 7 · 20?

14 152 : 8 =

15 Ein Bauer kauft 12 Apfelbäume für 108 Euro.
Wie viel Euro kostet ein Baum?

16 8 · 15 =

17 Mutter kauft 20 kg Äpfel, das kg für 65 Cent.
Wie viel Euro muss sie bezahlen?

18 424 : 4 =

19 100 g Pralinen kosten 5 Euro. Wie viel Cent kosten 10 g?

20 7 · 11 =

21 Von einem Stoff wurden nacheinander 5,20 m, 6,80 m, 7,70 m und 7,30 m verkauft. Wie viel m wurden insgesamt verkauft?

22 720 : 90 =

23 Wie viel Euro bezahlt Mutter für 6 m Blusenstoff zu je 4,50 Euro und 4 m Hemdenstoff zu je 3,75 Euro?

24 4 · 19 =

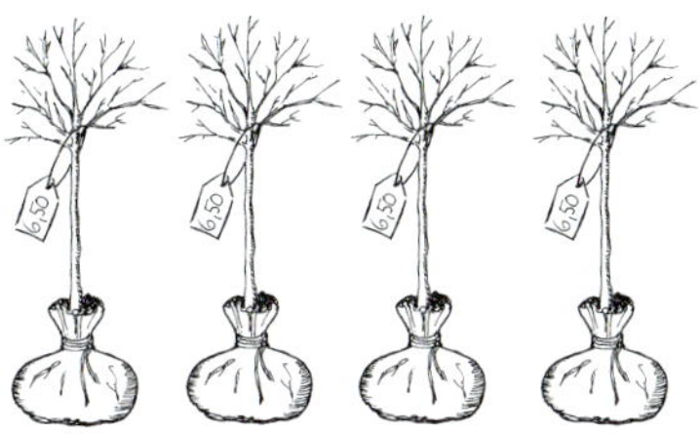

Textaufgaben

1. Vater bekommt 680 Euro in Zwanzigeuroscheinen ausgezahlt.
   Wie viele Scheine sind es?
2. $720 : 90 =$
3. Paul holt für sich und seine Freunde 5 Theaterkarten zu je 16,60 Euro.
   Wie viel Euro muss er bezahlen?
4. $231 : 7 =$
5. Für eine Hecke braucht man 108 Pflanzen, das Stück zu 50 Cent.
   Wie viel Euro kostet die Hecke?
6. $4 \cdot 12 + 5 \cdot 11 =$
7. Die beiden Fahrkarten für Mutter und Vater kosten je 28 Euro.
   Die drei Kinder fahren zum halben Preis.
   Wie viel Euro sind insgesamt zu bezahlen?
8. $1400 : 50 =$
9. Wie viel Euro muss Gerda für $\frac{1}{2}$ Dtzd. Messer und Gabeln bezahlen?
   1 Messer kostet 8,50 Euro, 1 Gabel 5,50 Euro.
10. $2 \cdot 13 + 5 \cdot 15 =$
11. 3 Zwanzigeuroscheine, 2 Zehneuroscheine, 3 Fünfeurostücke,
    2 Eineurostücke und 4 Fünfzigcentstücke: Wie viel Euro sind das?
12. $1000 : 40 =$
13. $2100 : 30 =$
14. $4 \cdot 180 - 20 \cdot 35 =$
15. $6 \cdot 120 - 4 \cdot 150 =$
16. Das Dreifache einer Zahl ist 135. Wie heißt die Zahl?
17. Teile das Doppelte von 84 durch 12!
18. Die Miete für ein Vierteljahr beträgt 285 Euro.
    Wie viel Euro beträgt die Miete für einen Monat?
19. Ein Ballen Anzugsstoff enthält 39 m. Für einen Anzug braucht man 3 m.
    Wie viele Anzüge können hergestellt werden?
20. Edith erhält 80 Euro in Zweieurostücken. Wie viele Münzen sind es?
21. $630 : 7 =$
22. $5 \cdot 23 =$
23. $348 : 4 =$
24. Man zahlt für 4 kg Äpfel 5,20 Euro. Wie viel Cent kostet $\frac{1}{2}$ kg?

Textaufgaben

1 920 t Kohle sollen verladen werden. Ein Güterwagen trägt 20 t.
Wie viele Wagen werden benötigt?

2 Wie viel Euro kosten 15 Briefmarken zu je 80 Cent?

3 1 Sporthemd kostet 51,50 Euro.
Wie viel Euro kosten 2 Hemden der gleichen Sorte?

4 Eier werden in Kartons zu 6 Stück verpackt.
Wie viele Kartons werden für 126 Eier benötigt?

5 5 Kisten enthalten 250 Zigarren. Wie viele Zigarren sind in einer Kiste?

6 Für 105 Euro bekommt man 3 Kisten mit Äpfeln.
Wie viel Euro kostet eine Kiste?

7 1 m Stoff kostet 7,50 Euro. Wie viel Euro kosten 4 m?

8 5 Kinder teilen 2 Euro. Wie viel Cent bekommt jedes?

9 Ein Heft kostet 80 Cent. Wie viel Euro kosten 40 Hefte?

10 Wie viel t sind 25000 kg?

11 Ein Radfahrer fährt eine Strecke von 60 km in 4 Stunden.
Wie viel km fährt er durchschnittlich in 1 Stunde?

12 Ein Wanderer hat in 3 Std. 15 km zurückgelegt.
Wie viel km schaffte er durchschnittlich in 1 Std.?

13 Wie viele Zwanzigeuroscheine braucht man, um 680 Euro zu bezahlen?

14 3 Tage haben wie viele Stunden?

15 Wie viele Nüsse haben sich vier Jungen geteilt,
wenn jeder 17 bekommen hat?

16 Wie viele Stunden sind 540 Minuten?

17 Von Bremen nach München sind es 720 km. Ein Autofahrer brauchte für die Strecke 8 Stunden. Wie viel km fuhr er durchschnittlich in 1 Stunde?

18 Du sollst 95 Cent in Fünfcentstücken bezahlen
Wie viele Stücke brauchst du?

19 4 Personen mieten zusammen ein Taxi. Die Fahrt kostet 68 Euro.
Wie viel Euro muss jede Person bezahlen?

20 Ein Benzinkanister enthält 20 l. Wie viel Liter Benzin fassen 5 Kanister?

21 Für 1 Paar Schuhe bezahlt der Schuhhändler 27,50 Euro.
Wie viel Euro kosten 4 Paare der gleichen Sorte?

22 460 Zigarren werden in Schachteln zu je 20 Stück verpackt.
Wie viele Schachteln werden voll?

23 Für 3,96 Euro bekommt man 4 Tafeln Schokolade.
Wie viel Cent kostet 1 Tafel?

24 Wie viele Fünfzigeuroscheine braucht man,
um 650 Euro zu bezahlen?

Rechnen mit der Zeit

Jahre und Monate:

1 4 Jahre = ? Mon.
2 3 J. 8 Mon. = ? Mon.
3 $1\frac{3}{4}$ J. = ? Mon.

Wochen und Tage:

4 6 Wch. 5 Tg. = ? Tg.
5 112 Tg. = ? Wch.
6 9 Wch. 4 Tg. = ? Tg.

Tage und Stunden:

7 4 Tg. 14 Std. = ? Std.
8 $\frac{3}{4}$ Tg. = ? Std.
9 2 Tg. 22 Std. = ? Std.

Stunden und Minuten:

10 900 Min. = ? Std.
11 1 Std. 5 Min. = ? Min.
12 1 Std. 49 Min. = ? Min.

Minuten und Sekunden:

13 720 Sek. = ? Min.
14 $1\frac{1}{3}$ Min. = ? Sek.
15 1 Min. 46 Sek. = ? Sek.

Fahrplan:

	Abfahrt	Ankunft	Fahrzeit
16	11.20	13.07	? Min.
17	23.55	1.33	? Min.
18	21.14	6.14	? Std.

Alter:

	Geburtsj.	Todesj.	Lebensj.
19	1905	1954	? J.
20	1889	1967	? J.
21	1885	1961	? J.

Ferien:

	1. Tag	letzter Tag	Ferientage
22	5. Juli	4. Aug.	? Tg.
23	30. Mai	3. Juni	? Tg.
24	12. Juli	31. Aug.	? Tg.

---

1 63 Tg. = ? Wch.
2 49 Tg. = ? Wch.
3 $3\frac{1}{2}$ Tg. = ? Std.

4 4 J. 10 Mon. = ? Mon.
5 300 Min. = ? Std.
6 96 Mon. = ? J.

7 1 Std. 37 Min. = ? Min.
8 $1\frac{1}{4}$ Std. = ? Min.
9 6 J. 11 Mon. = ? Mon.

10 7 Wch. 5 Tg. = ? Tg.
11 96 Std. = ? Tg.
12 3 Tg. 2 Std. = ? Std.

Fahrplan:

	Abfahrt	Ankunft	Fahrzeit
13	8.05	8.50	? Min.
14	12.26	13.09	? Min.
15	23.42	0.05	? Min.

Minuten und Sekunden:

16 1320 Sek. = ? Min.
17 1 Min. 49 Sek. = ? Sek.
18 2 Min. = ? Sek.

Alter:

	Geburtsj.	Todesj.	Lebensj.
19	1902	1964	? J.
20	1880	1967	? J.
21	1891	1956	? J.

Ferien:

	1. Tag	letzter Tag	Ferientage
22	2. April	21. April	? Tg.
23	11. Okt.	26. Okt.	? Tg.
24	22. Dez.	8. Jan.	? Tg.

Rechnen mit dem Gewicht

1	0,035 kg	= ? g
2	43000 kg	= ? t
3	$\frac{7}{100}$ t	= ? kg
4	0,120 kg	= ? g
5	15000 kg	= ? t
6	32000 kg	= ? t
7	50 t + 35 t	= ? t
8	5000 kg	= ? t
9	50 t - 5000 kg	= ? t
10	40000 g	= ? kg
11	0,090 t	= ? kg
12	2000 g	= ? kg
13	0,095 t	= ? kg
14	0,055 t	= ? kg
15	0,105 t	= ? kg
16	0,060 t	= ? kg
17	25000 g	= ? kg
18	10000 kg	= ? t
19	0,110 kg	= ? g
20	17000 g	= ? kg
21	0,075 t	= ? kg
22	20000 g	= ? kg
23	30000 kg	= ? t
24	$\frac{1}{10}$ kg	= ? g

1	17000 kg	= ? t
2	0,015 t	= ? kg
3	0,014 kg	= ? g
4	18000 g	= ? kg
5	$\frac{1}{40}$ t	= ? kg
6	0,016kg	= ? g
7	0,050 t + 0,025 t	= ? kg
8	5000000 g	= ? t
9	13000 g	= ? kg
10	0,050 t	= ? kg
11	30000 kg	= ? t
12	$\frac{1}{10}$ kg	= ? g
13	0,119kg	= ? g
14	0,045 t	= ? kg
15	19000 g	= ? kg
16	24000 kg	= ? t
17	9000g	= ? kg
18	0,068 kg	= ? g
19	$\frac{1}{100}$ t	= ? kg
20	0,035 t	= ? kg
21	0,055 t	= ? kg
22	94000 kg	= ? t
23	0,060 kg	= ? g
24	0,008kg	= ? g

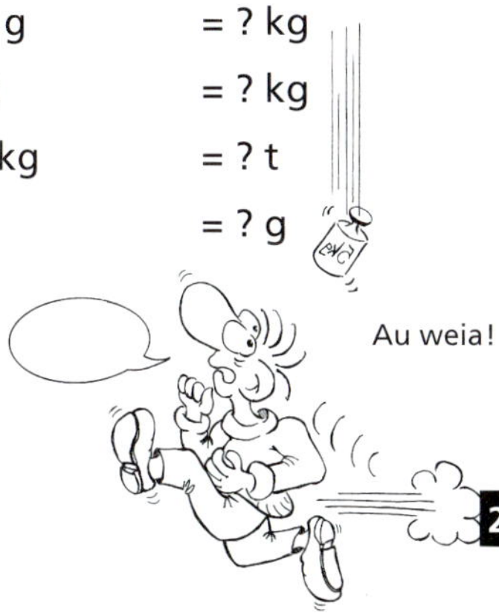

Textaufgaben

1 2 m Stoff kosten 9,50 Euro. Wie viel Euro kosten 4 m?

2 4 Unterhemden kosten 46 Euro. Wie viel Euro kosten 2 Stück?

3 5 Bälle kosten 35 Euro. Wie viel Euro kosten 10 Bälle?

4 2 Kinokarten kosten 17 Euro. Wie viel Euro kosten 8 Karten?

5 9 Paar Strümpfe kosten 45 Euro. Wie viel Euro kosten 3 Paar?

6 3 kleine Tannen kosten 12 Euro. Wie viel Euro kosten 12 Stück?

7 Für 15 Unterhosen bezahlt der Händler 195 Euro.
Wie viel Euro bezahlt er für 5?

8 6 m Stoff kosten 39 Euro.
Wie viel Euro bezahlt man für 2 m?

9 Für 2 kg Butter bezahlt man 15 Euro.
Wie viel bezahlt man für 6 kg Butter?

10 4 Gästehandtücher kosten im Ausverkauf 16 Euro.
Wie viel Euro kosten 16 Stück?

11 Für 20 Paar Schuhe bezahlt der Händler 440 Euro.
Wie viel Euro bezahlt er für 5 Paar Schuhe?

12 Für 12 Apfelbäume bezahlt man 72 Euro.
Wie viel Euro bezahlt man für 3 Apfelbäume?

13 Für 11,20 Euro bekommt man 14 Hefte.
Wie viele Hefte bekommt man für 5,60 Euro?

14 Für 35 Euro bekommt man 175 Bleistifte.
Wie viele Bleistifte bekommt man für 7 Euro?

15 Für 15 Euro bekommt man 3 Paar Turnschuhe.
Wie viel Paar bekommt man für 45 Euro?

16 Für 24 Euro bekommt man 2 Birnbäume.
Wie viele Birnbäume bekommt man für 96 Euro?

17 Für 100 Euro bekommt man 20 Bälle.
Wie viele Bälle bekommt man für 25 Euro?

18 Für 120 Euro bekommt man 40 m Stoff.
Wie viel m bekommt man für 30 Euro?

19 12 Fahrräder kosten 18000 Euro.
Wie viele Fahrräder bekommt man für 9000 Euro?

20 75 Paar Strümpfe kosten 150 Euro.
Wie viel Paar bekommt man für 50 Euro?

21 12 Herrenanzüge kosten 4800 Euro.
Wie viele Anzüge bekommt man für 1200 Euro?

22 4 Fußbälle kosten 240 Euro.
Wie viele Fußbälle bekommt man für 720 Euro?

23 8 Tassen kosten 20 Euro.
Wie viele Tassen bekommt man für 5 Euro?

24 16 Kugelschreiber kosten 24 Euro.
Wie viele Kugelschreiber bekommt man für 6 Euro?

Aufgepasst !

1 Die folgende Zahlenreihe ist regelmäßig aufgebaut. Nenne die nächste Zahl! 2 3 5 8 12 17 ...

2 133 Nüsse werden an 7 Kinder gleichmäßig verteilt. Wie viele Nüsse erhält jedes Kind?

3 Fritz und Heiner sind zusammen 22 Jahre alt. Fritz ist 2 Jahre älter. Wie viel Jahre alt ist Heiner?

4 Wie viele Fünfcentstücke bekommst du für 6 Euro?

5 Wie viele Stunden braucht ein Radfahrer, der 16 km in der Stunde fährt, um ein 48 km entferntes Ziel zu erreichen?

6 Aus 25 l Milch kann man 1 kg Butter machen. Wie viel kg Butter bekommt man aus 500 l Milch?

7 Die folgende Zahlenreihe ist regelmäßig aufgebaut. Nenne die nächste Zahl! 57 46 35 24 ...

8 Fritz ist 10 Jahre alt, Paul ist 3 Jahre jünger. Uwe ist so alt wie die beiden zusammen. Wie viel Jahre alt ist er?

9 Eine Schulfahrt kostet 59 Euro. Hans hat schon 32 Euro. Wie viele Wochen muss er noch sparen, wenn er jede Woche 3 Euro zurücklegen kann?

10 Helga spart wöchentlich 2 Euro, Inge 3 Euro. Wie viel Euro hat Inge im Laufe eines Jahres mehr gespart als Helga?

11 Ein rechteckiger Bauplatz ist 35 m lang und 22 m breit. Wie viel m lang wird die Umzäunung?

12 Wenn du von der Hälfte einer Zahl 2 abziehst, erhältst du 5.

13 Hole Briefmarken zu 0,50 Euro, zu 1 Euro und zu 2 Euro, von jeder Sorte für 10 Euro. Wie viele Marken bekommst du?

14 Wie viele Geldstücke musst du mindestens haben, um genau 2,99 Euro zu bezahlen?

15 3 Männer graben einen Garten in 7 Stunden um. In wie viel Stunden würde 1 Mann es schaffen?

16 Die folgende Zahlenreihe ist gesetzmäßig aufgebaut. Nenne die nächste Zahl! 1 4 9 16 25 ...

17 Teile 1000 durch 200 und nimm die Antwort mit 5 mal!

18 Dein Herz schlägt in einer Stunde 4200 mal. Wievielmal in einer Minute?

19 1000 Hefte werden in Pakete zu je 20 Stück gepackt. Wie viele ergibt es?

20 1 cm auf deiner Heimatkarte bedeutet 500 m in der Wirklichkeit. Zwei Orte sind auf der Karte 10 cm voneinander entfernt. Wie viel km sind das in Wirklichkeit?

21 Gerda hatte 45 Euro. Für ein Drittel des Geldes kaufte sie sich einen Schirm, für die Hälfte des Restes eine Bluse. Wie viel Euro hat sie noch?

22 Verdreifache 45 und ziehe 55 ab!

23 Jede Ausgabe einer Wochenzeitschrift kostet 1,50 Euro. Wie viel Euro braucht man dafür im ganzen Jahr?

24 Der Vorrat an Hafer reicht für 2 Pferde 56 Tage. Wie viele Tage würde er für ein Pferd reichen?

Im Supermarkt

Was kosten …

			Lösung	Feld
1	250 g	Butter	0,35 Euro	14
2	250 g	Margarine	0,45 Euro	10
3	100 g	Käse	0,59 Euro	19
4	500 g	Zucker	0,60 Euro	24
5	250 g	Grieß	0,70 Euro	21
6	100 g	Kakao	0,95 Euro	9
7	250 g	Kaffee	1,05 Euro	23
8	125 g	Tee	1,18 Euro	4
9	500 g	Butter	1,20 Euro	13
10	500 g	Margarine	1,35 Euro	17
11	200 g	Käse	1,75 Euro	3
12	1,500 kg	Zucker	1,77 Euro	5

			Lösung	Feld
13	500 g	Grieß	1,80 Euro	7
14	300 g	Kakao	1,90 Euro	20
15	500 g	Kaffee	2,00 Euro	18
16	250 g	Tee	2,10 Euro	2
17	750 g	Butter	2,25 Euro	15
18	750 g	Margarine	2,85 Euro	6
19	300 g	Käse	3,15 Euro	12
20	2,500 kg	Zucker	3,50 Euro	22
21	1,500 kg	Grieß	4,00 Euro	8
22	400 g	Kakao	4,20 Euro	11
23	750 g	Kaffee	5,25 Euro	1
24	375 g	Tee	6,00 Euro	16

Beim Schlachter

Was kosten …

			Lösung	Feld
1	$\frac{1}{4}$ kg	Salami	0,68 Euro	1
2	$\frac{1}{8}$ kg	Schinken	0,98 Euro	14
3	200 g	Hackfleisch	1,04 Euro	5
4	$\frac{1}{4}$ kg	Jagdwurst	1,68 Euro	20
5	$\frac{1}{2}$ kg	Salami	1,70 Euro	21
6	$\frac{1}{4}$ kg	Schinken	1,76 Euro	22
7	100 g	Leber	2,10 Euro	7
8	100 g	Jagdwurst	2,20 Euro	19
9	$\frac{1}{4}$ kg	Leber	2,45 Euro	6
10	900 g	Kasseler	2,60 Euro	12
11	$\frac{1}{4}$ kg	Leberwurst	3,12 Euro	3
12	$\frac{1}{2}$ kg	Jagdwurst	3,40 Euro	23

			Lösung	Feld
13	$\frac{1}{2}$ kg	Leber	3,90 Euro	11
14	$\frac{1}{4}$ kg	Hackfleisch	4,00 Euro	13
15	$\frac{1}{2}$ kg	Rouladen	4,20 Euro	8
16	$1\frac{1}{2}$ kg	Kasseler	4,40 Euro	4
17	$\frac{1}{4}$ kg	Rouladen	4,90 Euro	10
18	$\frac{1}{2}$ kg	Leberwurst	5,20 Euro	2
19	100 g	Leberwurst	5,40 Euro	17
20	$\frac{1}{2}$ kg	Kasseler	6,40 Euro	18
21	200 g	Salami	7,80 Euro	15
22	100 g	Schinken	8,00 Euro	9
23	400 g	Rouladen	9,72 Euro	16
24	$\frac{1}{2}$ kg	Hackfleisch	16,20 Euro	24

Rechnen mit großen Zahlen

		Lösung	Feld
1	4 · 13000 =	40000	13
2	3 · 190000 =	44000	21
3	3 · 18000 =	45000	9
4	94000 : 2 =	46000	16
5	120000 : 3 =	47000	4
6	230000 + 260000 =	48000	23
7	190000 + 320000 =	49000	11
8	920000 – 370000 =	49500	22
9	35000 + 18000 =	51000	12
10	4 · 120000 =	52000	3
11	83000 – 37000 =	53000	1
12	180000 : 3 =	54000	2

		Lösung	Feld
13	3 · 15000 =	55000	24
14	23000 + 26000 =	60000	18
15	350000 + 180000 =	440000	20
16	830000 – 370000 =	460000	10
17	2 · 24000 =	470000	19
18	2 · 260000 =	480000	14
19	92000 – 37000 =	490000	6
20	18000 + 26000 =	510000	17
21	90000 + 380000 =	520000	8
22	3 · 17000 =	530000	7
23	50500 – 1000 =	550000	15
24	880000 : 2 =	570000	5

		Lösung	Feld
1	33250 + 70 =	22230	19
2	55640 – 80 =	22330	17
3	78860 – 90 =	23230	18
4	56360 + 200 =	23330	8
5	87970 – 100 =	32220	4
6	23180 + 150 =	32320	13
7	75880 + 2000 =	32330	11
8	45660 + 10000 =	33320	9
9	32400 – 70 =	55560	7
10	77980 – 200 =	55660	3
11	31920 + 300 =	56560	10
12	89000 – 130 =	56650	20

		Lösung	Feld
13	61550 + 5000 =	65560	14
14	22150 + 80 =	65650	24
15	67000 – 350 =	66550	21
16	78810 – 30 =	66650	23
17	32150 + 170 =	77780	6
18	65860 – 210 =	77880	1
19	61560 + 4000 =	78770	12
20	97780 – 10000 =	78780	22
21	23000 – 670 =	87780	15
22	16650 + 40000 =	87870	5
23	88820 – 50 =	88770	16
24	23070 + 160 =	88870	2

Rechnen mit großen Zahlen

Nr.	Aufgabe	Lösung	Feld	Nr.	Aufgabe	Lösung	Feld
1	270000 + 340000 =	520000	16	13	430000 + 200000 =	640000	2
2	3 · 180000 =	530000	19	14	3 · 250000 =	650000	17
3	4 · 150000 =	540000	21	15	5 · 110000 =	660000	5
4	900000 – 190000 =	550000	7	16	720000 – 40000 =	670000	22
5	630000 – 40000 =	560000	10	17	550000 + 70000=	680000	12
6	380000 + 290000 =	570000	8	18	3 · 190000 =	690000	6
7	4 · 180000 =	580000	18	19	1000000 – 300000 =	700000	4
8	5 · 130000 =	590000	13	20	3 · 220000 =	710000	24
9	620000 – 90000 =	600000	20	21	640000 + 100000 =	720000	15
10	580000 + 150000 =	610000	23	22	4 · 140000 =	730000	14
11	2 · 290000 =	620000	3	23	710000 – 20000 =	740000	1
12	1000000 – 480000 =	630000	11	24	590000 + 50000 =	750000	9

Nr.	Aufgabe	Lösung	Feld	Nr.	Aufgabe	Lösung	Feld
1	265000 + 10000 =	265000	3	13	400000 – 35000 =	325000	17
2	350000 – 25000 =	270000	7	14	960000 : 3 =	330000	4
3	355000 + 15000 =	275000	13	15	400000 – 55000 =	335000	22
4	600000 : 2 =	280000	15	16	620000 : 2 =	340000	8
5	205000 + 60000 =	285000	11	17	300000 – 15000 =	345000	21
6	190000 + 190000 =	290000	10	18	250000 + 85000 =	350000	5
7	560000 – 210000 =	295000	1	19	365000 – 10000 =	355000	12
8	300000 – 5000 =	300000	14	20	3 · 90000 =	360000	9
9	215000 + 65000 =	305000	6	21	720000 : 2 =	365000	19
10	990000 : 3 =	310000	20	22	300000 + 15000 =	370000	16
11	400000 – 25000 =	315000	24	23	2 · 170000 =	375000	2
12	295000 + 10000 =	320000	23	24	140000 + 150000 =	380000	18

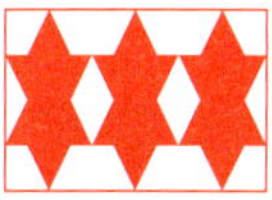

Welche Zahl ist gemeint?

		Lösung	Feld
1	achtundachtzigtausendachthundert	8008	10
2	achthundertachttausendachthundert	8080	5
3	achthunderttausendachtundachtzig	8088	3
4	achthundertachtzigtausendacht	8880	13
5	achthundertachttausendachtzig	8888	7
6	achthundertachttausendacht	80008	17
7	achthunderttausendacht	80088	18
8	achttausendachthundertachtundachtzig	88008	23
9	achtundachtzigtausendacht	88080	16
10	achthundertachtzigtausendachthundert	88800	19
11	achthundertachttausendachtundachtzig	88888	6
12	achttausendacht	800008	9
13	achttausendachthundertachtzig	800080	15
14	achthunderttausendachtzig	800088	24
15	achtzigtausendacht	800880	2
16	achthundertachtundachtzigtausend	800888	1
17	achttausendachtundachtzig	808008	22
18	achtzigtausendachtundachtzig	808080	11
19	achthundertachtundachtzigtausendachtzig	808088	8
20	achthunderttausendachthundertachtundachtzig	808800	21
21	achttausendachtzig	880008	20
22	achtundachtzigtausendachtzig	880800	12
23	achthunderttausendachthundertachtzig	888000	14
24	achtundachtzigtausendachthundertachtundachtzig	888080	4